DISCOURS

PRONONCÉ

Par M. Franck CHAUVEAU,

Sénateur, Président du Centre gauche,

A L'INSTALLATION DU BUREAU

DU CENTRE GAUCHE DU SÉNAT

le 22 Février 1896.

SENLIS

IMPRIMERIE TH. NOUVIAN

Place de l'Hôtel-de-Ville.

DISCOURS

PRONONCÉ

Par M. Franck CHAUVEAU,

Sénateur, Président du Centre gauche,

à l'installation du Bureau

DU CENTRE GAUCHE DU SÉNAT

le 22 Février 1896.

————〰〰〰————

Messieurs,

En m'appelant à cette présidence, qu'ont illustrée tant d'hommes éminents, et qu'honorait hier encore un de nos collègues les plus distingués par son talent, son caractère et ses services, vous m'avez fait un honneur dont je sens tout le prix, mais en même temps vous m'avez imposé, dans les graves circonstances où nous sommes, des devoirs difficiles, que je ne peux remplir qu'avec le concours et la sympathie assurée de tous nos collègues. *(Très bien !)*

Jamais les opinions modérées, jamais les principes qui sont, à nos yeux, la base de l'ordre social, de la république libérale et du gouvernement parlementaire, n'ont été plus menacés.

Pour la première fois peut-être, dans des temps réguliers, les partis les plus avancés détiennent seuls le gouvernement. C'est, comme le disait dernièrement à Lyon M. le Président du Conseil, l'ouverture d'une ère nouvelle, et il importe de se rendre compte des bienfaits qu'elle nous apporte.

Aux programmes purement politiques d'autrefois, ont succédé des préoccupations d'ordre économique et social. Les formules radicales étaient usées ; les ambitieux, les agités à la recherche de convictions neuves et de programmes moins démodés, se sont jetés dans le socialisme.

En théorie, le socialisme prend l'aspect séduisant et bénin d'un élan de solidarité généreuse : il poursuit un idéal, il veut donner à tous la plus grande somme de bonheur possible ; en fait, c'est la suppression de la liberté humaine et l'asservissement de l'individu à l'Etat, la guerre des classes et la ruine financière du pays.

Si la Révolution Française est restée une grande date dans l'histoire, une date populaire entre toutes en France et dans le monde entier, c'est qu'elle a supprimé les privilèges, les inégalités, les oppressions; c'est qu'elle a émancipé l'individu. C'est à elle, plus encore peut-être qu'à la science, qu'on doit l'admirable essor de richesse, de liberté, de progrès matériel et moral dont ce siècle a été témoin.

Le socialisme, nous ramenant en arrière, fait table rase de tous ces progrès. Il crible l'industrie de servitudes : arbitrage obligatoire, assurance obligatoire ; assistance, subventions, inspections obligatoires ; il multiplie les entraves, met un obstacle devant chaque pas de celui qui veut marcher, substitue partout la lourde main de l'Etat-Providence à la libre action de l'individu. *(Applaudissements.)*

Les auteurs de la loi de 1884 sur les syndicats avaient cru faire une loi de liberté et de concorde en permettant le groupement et l'accord des forces économiques : par une étrange perversion des choses, par la faiblesse des gouvernants, cette loi est devenue un instrument d'oppression pour les patrons et les ouvriers, une source de guerre et de discorde, bientôt, si l'on n'y prend garde, une cause de ruine pour notre industrie, et, comme l'a montré une discussion récente au Sénat, un grave danger pour la défense nationale elle-même.

Voilà les fruits du socialisme : c'est là ce qu'il appelle des « réformes » !

Et qui donc seront les premières victimes de cette politique, sinon ces ouvriers mêmes qu'elle veut flatter, et qui, si le capital se décourage devant ces vexations, s'il renonce à la lutte contre les industries étrangères, plus libres, moins attaquées que les nôtres, verront disparaître cette richesse dont ils sont à la fois les instruments et les bénéficiaires ? *(Très bien ! Très bien !)*

Que dire de l'Administration et de la Justice ?

La première, ballotée et inquiète, ne sachant où se prendre, attaquée par une minorité violente, mal protégée par un pouvoir faible ; des fonctionnaires frappés sur la sommation des artisans du désordre et des contempteurs de la loi, frappés pour avoir défendu l'ordre et la liberté du travail ; menacés par une presse sans frein, impuissants devant les plus injustes attaques ; réduits à

se demander si, en faisant observer les lois,
ils ne prép rent pas leur disgrâce; n'étant
plus, comme il conviendrait, les arbitres
impartiaux des droits et des intérêts de tous,
mais les serviteurs et les otages des tyrannies
locales dans toutes les communes de France.
(Très bien !)

Quant à la Justice, les débats récents ont
ouvert les yeux les moins prévenus. S'il est
une règle que, dans tous les Etats civilisés,
les hommes éclairés considèrent comme la
sauvegarde des droits et de la sécurité des
citoyens, c'est la séparation des pouvoirs
exécutif et judiciaire, c'est l'indépendance
des juges vis-à-vis du pouvoir politique. Or,
à quel spectacle venons-nous d'assister?
A l'intervention du gouvernement, la plus
décidée, la plus oppressive qu'on ait vue
depuis l'Empire, dans l'œuvre de la Justice.
Dans ces conditions, quelle garantie est
laissée à la fortune, à la liberté, à l'honneur
des citoyens? *(Applaudissements.)*

Mais ce qu'il y a peut-être de plus grave
dans l'état de choses actuel, c'est la situation
financière. Chaque année, nos charges aug-
mentent, le nombre des fonctionnaires s'ac-
croît, le chiffre des retraites s'enfle, le budget

est grevé au profit de telle ou telle catégorie d'électeurs, actifs comme tous les groupes, et au détriment de la généralité des contribuables, plus apathique ou moins prévoyante : les 64 millions de la conversion ont disparu dans ce gouffre comme un fétu de paille.

Et voici venir bien autre chose.

Soit calcul politique, soit impulsion d'une sensibilité irréfléchie, un certain nombre de législateurs oublient que l'impôt a pour raison d'être, pour but essentiel et unique le fonctionnement des services publics, et que tout ce qu'on lui demande en dehors de cet objet est une spoliation vis-à-vis des contribuables ; sous prétexte de solidarité et d'assistance, ils veulent charger la communauté, non seulement de toutes les misères, mais de toutes les fautes, attribuer à l'Etat le rôle de dispensateur des richesses, prendre aux uns pour donner aux autres, faire émarger au budget, non plus seulement les fonctionnaires, mais des millions de citoyens. Tout récemment, le gouvernement amorçait, comme on dit, par une subvention relativement modeste, une dépense dont il lui est impossible de préciser l'étendue, qui pourra s'élever un jour à des centaines de millions, et jettera nos finances dans des embarras inextricables.

Quand donc les contribuables formeront-ils à leur tour une ligue, un syndicat de défense, qui groupera leurs forces, donnera à leurs vœux une forme précise et inspirera des réflexions salutaires aux courtisans de popularité ? *(Très bien ! Très bien !)*

En même temps qu'on augmente les dépenses à l'infini, on supprime les ressources les plus assurées ; on bouleverse tout notre système fiscal, qui a pour lui une expérience plus que centenaire, et qui nous a permis de traverser, sans être accablés, les crises les plus redoutables. On abolit les impôts anciens, éprouvés par un long usage et que l'habitude a rendus moins durs au contribuable ; on les remplace par des recettes conjecturales, qui risquent d'aboutir à d'incommensurables mécomptes. Le calcul en a été fait ; il s'agit d'abandonner plus de 800 millions de recettes : n'avons-nous pas le droit de dire qu'il ne s'agit pas ici de réformes, qu'il s'agit tout simplement d'aventures ?. *(Très bien !)*

Mais il y a, dans les mesures projetées, quelque chose de plus inquiétant encore.

La Révolution de 1789 avait substitué l'impôt réel, celui qui pèse sur les biens, à l'impôt personnel, celui qui vise les personnes ; elle avait établi l'égalité entre les citoyens en proclamant ce principe souverainement juste, que chacun doit contribuer aux charges publiques en proportion de sa fortune. On prétend changer tout cela : c'est l'impôt personnel et progressif, inquisitorial et spoliateur, qu'on cherche, à l'aide d'exemptions illusoires, à faire accepter par l'opinion.

Qu'est-ce donc que cette réforme ?

C'est le rétablissement des classes privilégiées : les uns ne paieront rien, tandis que les autres paieront tout ; c'est la propriété au soleil, l'agriculture et l'industrie, le commerce et le travail exclusivement frappés, tandis que les valeurs mobilières se déroberont à la main du fisc ; c'est l'intimité du foyer, le secret des affaires et des fortunes livrés à la malignité publique ; c'est la loi des suspects, dans un temps et dans un pays où tant de gens font métier d'exciter l'envie et la haine contre ceux qui possèdent ; c'est la richesse se cachant, et le travail manquant à l'ouvrier ; c'est la fortune publique livrée à tous les hasards, car si l'on enlève à ceux qui, dans un pays de suffrage universel, disposent du pouvoir politique, tout intérêt personnel à la bonne gestion des affaires, n'est-il pas à craindre qu'on ne voie s'accroître à l'infini les charges budgétaires et disparaître tout espoir d'équilibrer nos finances ?

La France a été jusqu'ici, et c'est ce qui a fait sa force, un pays de travail et d'épargne. Le jour où l'impôt progressif serait voté, le travail et l'épargne seraient également en péril.

Et qu'on ne vienne pas nous dire que le taux en est modéré : ce qu'on veut, c'est faire adopter le principe, parce qu'une fois le principe admis, tout en découle, et l'on aura doté le socialisme de l'arme qu'il lui faut et qui lui suffit pour aller jusqu'au bout de ses doctrines. *(Applaudissements.)*

Oh ! sans doute, nous savons bien que ces folies n'auront qu'un temps : mais qui pourrait dire le mal qu'elles auront fait à ce pays, avant que la clameur publique n'en ait fait justice ?

Tel nous apparaît, Messieurs, le bilan de l'ère nouvelle, chère à M. le Président du Conseil.

Et pour couronner l'œuvre, la Constitution faussée, les deux Chambres en conflit, le Sénat furieusement attaqué, avec l'encouragement d'un ministère qui, responsable devant vous et condamné par vos votes, demande son salut aux partis extrêmes, et n'est plus qu'un instrument docile entre les mains des révolutionnaires. *(Vive approbation.)*

Dans cet incroyable désordre, aussi dangereux pour l'autorité de la France au dehors que pour sa tranquillité au dedans, la nation cherche un refuge, un point d'appui pour la loi, pour la liberté, pour l'ordre républicain. Il faut qu'elle le trouve dans le Sénat. Il faut que nous nous opposions résolument à cette politique incohérente et brouillonne, qui n'a de réformateur que les prétentions, et qui, sous prétexte de réparer toutes les injustices, alarme tous les intérêts et met tous les droits en péril. Il faut que ceux-là reçoivent de vous le plus ferme appui, qui veulent substituer à des improvisations téméraires et à des expériences qu'il n'est pas permis de tenter sur son pays, des réformes point bruyantes, mais inspirées par la pratique et la connaissance des choses, bien étudiées, réclamées par l'opinion. Il faut enfin qu'on sache, qu'autant un gouvernement libéral et résolu, faisant sentir d'un bout à l'autre du pays une direction unique et ferme, est sûr de trouver dans le Sénat un appui décidé et durable, autant les mesures jacobines, les atteintes à la liberté et au droit, les aventures financières trouveront ici une infranchissable barrière. *(Nouvelle approbation.)*

Il y a quelques années, les visées dictatoriales d'un aventurier ont rencontré dans la Chambre haute un obstacle contre lequel elles se sont brisées. Il en sera de même, si nous le voulons, de la dictature jacobine et des aventures non moins dangereuses où la démagogie jetterait le pays.

Le Centre gauche n'a certes pas la prétention excessive de défendre à lui seul ce programme ; mais il fait appel à ceux de nos collègues qui, en immense majorité dans le Sénat, partagent les mêmes vues et combattent le même combat ; il fait appel à la Chambre des Députés, où les modérés, un instant dispersés, se reprendront, nous en avons la confiance, dans d'aussi graves conjonctures ; nous leur offrons notre concours désintéressé, convaincus qu'en défendant les bases de l'ordre social fondé en 1789, nous servons la cause de la liberté, du gouvernement parlementaire, de la République. *(Applaudissements unanimes et prolongés.)*